PÉLERINAGE

DE LA

VILLE ET DU DIOCÈSE DE NIMES

AU SANCTUAIRE

DE

NOTRE-DAME DE LOURDES

—

(les 14, 15. 16 et 17 juillet 1873.)

NIMES

L. BEDOT, LIBRAIRE-ÉDITEUR

PLACE DE LA CATHÉDRALE

—

1873.

Extrait de la GAZETTE DE NIMES.

PÉLERINAGE

A

NOTRE-DAME DE LOURDES

LA VEILLE. (13 JUILLET).

Hier soir, dimanche, à cinq heures, la vaste nef de l'église cathédrale se remplissait d'une foule innombrable et toujours croissante de fidèles ; c'étaient les pélerins de notre-dame de Lourdes, qui, fidèles à un pieux rendez-vous, venaient assister à la bénédiction solennelle des riches *ex-voto* destinés au sanctuaire de la Vierge Immaculée, et demander au ciel la grâce d'un bon et saint voyage.

Dans le sanctuaire, fixée à un côté de la sainte-table, se trouvait la magnifique bannière étalant à tous les yeux sa riche et élégante ornementation, chef-d'œuvre d'art qui a été l'objet de l'admiration générale.

A son centre et parmi d'innombrables décors, habilement exécutés, se trouve un grand écusson contenant les armoiries de nos quatre chefs-lieux d'arrondissement, et, au milieu, brochant sur chacune des quatre armoiries, se distingue l'écusson épiscopal aux armes de Mgr l'Evêque. De chaque côté, se lit ce mot : *Nimes*.

Cette bannière est le don particulier de la piété filiale des pélerins du diocèse à Notre-Dame de Lourdes ; elle perpétuera à jamais dans ce sanctuaire le souvenir de ce mémorable pélerinage.

De l'autre côté de la sainte-table était le drapeau distinctif de l'arrondissement de Nimes, bleu de ciel moiré, sur lequel se dessine le monogramme de la sainte Vierge, entouré de deux branches de lis et surmonté d'une couronne d'étoiles ; au dessus de la couronne, on lit ces paroles : Souvenir du pélerinage à Notre-Dame de Lourdes. A côté de la croix qui surmonte le bâton, se trouve le nom de *Nimes*, comme nous avons lu sur les autres drapeaux les noms d'Alais et d'Uzès, pour distinguer les uns des autres ces divers insignes de chaque partie du diocèse.

Ces drapeaux seront rapportés de Lourdes, au retour du pélerinage, et placés dans la principale église de chaque arrondissement.

Entre le drapeau de Nimes et la bannière, reposait sur un coussin de velours cramoisi le *cœur* d'or qui contient tous les noms des pélerins : il mesure vingt centimètres de longueur sur dix de largeur : une couronne de fleurs, habilement travaillée, l'entoure au milieu et une tige de lis le surmonte avec grâce et élégance.

A côté de ce *cœur* se trouvait la corbeille remplie des *croix* du pélerinage, destinées à orner la poitrine des pélerins de Lourdes.

Enfin, du même côté que le drapeau de Nimes, était l'oriflamme des choristes de Notre-Dame des Suffrages, sur laquelle se dessine une grande croix rouge.

A six heures précises, Mgr l'Evêque a fait son entrée dans la Cathédrale et est venu se placer à la stalle épiscopale ; Sa Grandeur était assistée des chanoines Griolet et de Cabrières.

Un nombreux clergé remplissait le sanctuaire.

Aussitôt a commencé le chant solennel des Litanies de la Vierge, chant d'un goût exquis, exécuté avec la plus rare perfection par les chantres et les enfants de la maîtrise.

Immédiatement après, M. le chanoine Corrieux, archiprêtre de la Cathédrale, est monté en chaire. Il venait dire à cette foule émue quel était le but du pélerinage diocésain à Notre-Dame de Lourdes et dans quelles intentions il devait être accompli. Sa parole a été écoutée avec la plus sympathique attention, et, à certains moments, elle a su trouver les accents de la plus belle éloquence. C'était son âme qui s'était comme incarnée dans sa voix.

A l'issue du discours, la bannière, les drapeaux, le *cœur* et les croix ont été présentés à Mgr l'évêque et Sa Grandeur a donné à chacun de ses pieux objets une bénédiction spéciale.

Le chant du *Sub tuum* a été ensuite exécuté par la maîtrise, et la bénédiction solennelle du Saint-Sacrement a clos cette imposante cérémonie.

Ajoutons qu'à la sortie, le peuple, s'unissant au chœur des chantres, a entonné avec enthousiasme le cantique de M. Bellivier : belle inspiration d'un artiste chrétien, chant remarquable destiné à devenir populaire, à entretenir l'élan et la piété des dévots pélerins à Notre-Dame de Lourdes.

LE DÉPART (14 JUILLET).

Dès les premières heures du jour, la ville de Nîmes s'est vue aujourd'hui sous l'influence d'un mouvement inaccoutumée ; les pélerins, arrivant de tous les points du diocèse, se répandaient dans toutes les rues et sur nos places, se livrant aux derniers préparatifs du départ. Nîmes paraissait être comme à un jour de ses plus belles fêtes : on évalue à près de 3,000 les étrangers qui sont accourus ce matin dans notre ville.

A midi, les cloches de la Cathédrale ont annoncé

le défilé des pélerins du premier train ; Sa Grandeur précédait, à pied, ces pieux fidèles, escortés d'une foule immense de parents et d'amis.

L'arrivée à la gare s'est opérée dans le plus grand ordre, et la distribution des places dans les voitures, grâce à la prévoyance du comité, n'a pas exigé le moindre effort et la moindre peine. Chacun était à sa place dix minutes avant l'heure fixée, et le premier train a pu se mettre en marche dès que le signal réglementaire s'est fait entendre.

La foule du dehors s'était portée, sur une grande étendue, le long du quai du Viaduc, et quand le train, déjà lancé, a passé devant elle, elle a dit un dernier adieu à ces heureux pélerins qui portent à Notre-Dame de Lourdes tous nos hommages et toutes nos prières. Des waggons, les voyageurs répondaient à ces marques de sympathie ; nous avons été heureux de voir Monseigneur lui-même se dresser pour nous voir et nous envoyer une dernière bénédiction.

Quelques instants après arrivaient à la gare les pélerins du second train. Le même ordre et le même calme ont régné pendant tout le temps de la nouvelle distribution des places ; il en a été de même au départ des troisième et quatrième trains, celui-ci beaucoup moins nombreux toutefois, parce qu'il était destiné aux pélerins de l'arrondissement du Vigan, stationnant à Lunel.

Et du sein de la multitude qui envahissait les

abords de la gare ne s'élevait aucune clameur, ne se faisait entendre aucun cri : chacun s'unissait de cœur à ses parents ou à ses amis qui allaient nous représenter auprès de la Vierge de l'Immaculée-Conception. Quel spectacle touchant! Quelle belle manifestation de la foi de tout un peuple !

Allez donc, généreux pèlerins du diocèse de Nimes ; allez maintenant, pressez-vous d'arriver au pieux rendez-vous. Que Dieu vous protége! Que Notre-Dame de Lourdes soit votre guide !

L'abbé F. CHAPOT.

LE VOYAGE. (14-15 JUILLET).

Lourdes, mardi, 15 juillet.

Mon cher ami,

Notre trajet jusqu'à Lourdes n'a été qu'un pieux et continuel enchantement. Nous quittions, hier, Nimes, au milieu des joyeuses acclamations de nos bons concitoyens qui avaient voulu saluer notre départ. Cette affluence immense qui se pressait le long du viaduc, ces mouchoirs agités sur notre passage, ces marques de sympathie, ces signes d'adieu qui nous étaient adressés de toutes parts, ont vivement ému les pèlerins. C'est avec attendrissement que nous avons vu ces milliers de mains tendues vers nous des chemins, des fenêtres, des terrasses, et qui nous envoyaient des souhaits de bon voyage. A Mil....ud, nous retrouvions les mêmes marques de sympathie. A Cette, de la terrasse d'une *baraquette*, un groupe nombreux nous a vivement acclamés à notre passage, et dans un village des environs de Béziers, les jeunes filles sortant de l'école et rangées le long de la voie, nous ont salués de leurs cris de joie.

Ces touchantes démonstrations n'ont fait qu'ajouter à l'entrain de notre voyage. Nous sentions que tous ces cœurs si dévoués nous accompagnaient jusqu'à Lourdes, et nous prenions l'engagement de ne pas les oublier dans notre pélerinage. La prière, les chants et de charmantes causeries se sont partagé tous nos moments. Sur le soir, il y a eu dans chaque compartiment de fraternelles agapes dont la cordialité a fait le meilleur assaisonnement.

La température s'est rafraichie, et un orage, qui a éclaté au soleil couchant, sur la montagne Noire, nous a fait oublier la brûlante chaleur du jour. De loin en loin, pendant la nuit, quelques voix se répondaient et les waggons échangeaient quelques pieux refrains.

Ce matin, nous avons salué les hauteurs neigeuses des Pyrénées, éclairées par les premiers rayons du soleil. Quelle vue magnifique, et comme cette nature grandiose prépare l'âme aux merveilles de Lourdes ! Il était près de huit heures lorsque le premier train est arrivé. Les pélerins, disposés en deux longues files, se sont dirigés, accompagnés de Mgr l'Evêque et du clergé, vers l'église du Sanctuaire dont l'architecture gracieuse et la flèche élancée attiraient depuis longtemps leurs regards. Le deuxième train n'est arrivé qu'après neuf heures. Il était plus de dix heures lorsque le troisième train est entré dans le sanctuaire. Il est midi, et j'entends les chants du quatrième train qui se rend à son tour à l'église de Notre-Dame. Tous les convois ont été reçus sur le seuil par Monseigneur, et, quoique l'heure soit bien avancée, les prêtres veulent dire la messe et les pélerins veulent communier. C'est bien un peu pénible pour la nature, mais c'est plus chrétion, et les pélerins n'hésitent pas.

Nous ne sommes pas seuls. Il vient d'arriver un convoi de 1,200 pélerins de la Rochelle, conduits par leur évêque. Cet immense concours de pélerins, portant sur leur poitrine la petite croix rouge, le signe pieux de leur pélerinage, et montrant sur leur visage calme et recueilli la sérénité de leur âme, donne à Lourdes une physionomie singulièrement attachante. On sent partout la mystérieuse influence de l'Apparition miraculeuse, et tout respire un air de paix et de religion.

A ce soir les deux processions. Celle qui aura lieu aux flambeaux, à huit heures, est appelée à produire l'effet le plus saisissant. La belle bannière qui a été bénite par Mgr l'Evêque, dimanche dernier, à la Cathédrale, va se déployer dans les rangs de la procession et faire briller au soleil les armes d'or et d'argent de Mgr Plantier et des quatre arrondisse-ments du diocèse.

Tout à vous.

L'abbé Azaïs.

PREMIÈRE JOURNÉE A LOURDES (15 JUILLET).

Nous aimons à revenir par la pensée, maintenant que nous sommes rentrés dans nos foyers, sur les souvenirs de ces deux jours bénis, si féconds en vives émotions et si pieusement remplis.

La procession est la prière par excellence des pélerins. Mardi, à trois heures de l'après-midi, nous étions tous réunis autour de notre évêque, sur la place qui s'étend devant l'église paroissiale de Lour-des. Personne ne manquait à ce pieux rendez-vous. Les bannières étaient déployés, la procession s'é-branlait et de distance en distance des chœurs nombreux faisaient entendre des cantiques. Ici, c'étaient plus de cent cinquante prêtres en habit de chœur, faisant cortège à Mgr Plantier. Plus loin, quatre eents hommes chantaient les cantiques si populaires du Sacré-Cœur et de Notre-Dame du Salut. Dans les rang de ces milliers de femmes qui se déroulaient en longues lignes sur la voie qui conduit à la sainte grotte, le chœur infatigable de Notre-Dame du Suffrage , conduit par le zélé directeur de l'œuvre, faisait retentir les bords du Gave de ses chants harmonieux. Partout on priait, on chantait et on laissait aller son âme au courant des grandes émotions qui l'entraînaient. Une seule et même pensée faisait mouvoir cette multitude ; c'était, sous le regard de Dieu, l'amour et la confiance en Notre-Dame de Lourdes. Le riche cœur en or, destiné à la sainte Vierge, était porté sur un superbe coussin par un prêtre, et tous les regards s'arrêtaient avec attendrissement sur ce pieux emblème.

La magnifique bannière du diocèse ouvrait la marche. Elle était dignement portée, et ce n'est pas sans émotion que nous avons vu, pendant de longues heures, un noble chrétien du département soutenir d'une main ferme et généreuse l'oriflamme sacrée dont les cordons étaient tenus par deux jeunes pèlerins de Nimes. On rencontre le nom de Montlaur dans les fastés de la première croisade. Je ne sais si c'est la même famille que celle de notre porte-étendard. Mais c'est toujours le même esprit chrétien, et ce bras qui portait la bannière était bien celui d'un chevalier chrétien.

Après un parcours de près de deux kilomètres, la procession défila devant la grotte, jetant à Marie, en passant, ses strophes brûlantes, gravit lentement le sentier qui serpente en lacets sinueux sur les flancs de la montagne et pénétra enfin dans le sanctuaire. Les pélerins de La Rochelle, qui venaient d'entendre l'éloquente parole de leur évêque, nous cédèrent fraternellement la place, et peu à peu les 2,500 pélerins du diocèse de Nimes se réunirent dans l'enceinte. Ce ne fut pas sans peine. Il fallut se presser en groupes serrés dans la nef, dans les chapelles et dans le chœur. Pas une place ne resta inoccupée. C'était une masse compacte qui débordait au delà du vestibule et qui restait unie dans un même sentiment de foi.

Les bannières furent déposées dans le sanctuaire, et le cœur resta exposé, près de la sainte table, aux regards des fidèles.

Nous chantâmes les premières vêpres de Notre-Dame du Mont-Carmel, dont nous devions célébrer le lendemain la fête, et, après l'office, l'orateur du pèlerinage, M. l'abbé de Cabrières, chanoine et vicaire général de Nimes, parut en chaire et retraça dans un langage pathétique les principaux caractères de cette manifestation religieuse. Il nous la montra comme une œuvre de foi généreuse et comme une protestation énergique contre les blasphèmes et les scandales qui affligent le monde chrétien. C'est aussi, ajouta-t-il, une œuvre diocésaine, à laquelle prennent part les catholiques accourus de tous les points du département, des campagnes comme de nos cités. Toutes les institutions du diocèse y sont représentées, depuis le grand séminaire et les communautés religieuses par leurs aumôniers, jusqu'à la maîtrise de la Cathédrale, depuis la magistrature et le Conseil général, dont le noble et intrépide doyen est dans nos rangs, jusqu'à nos conseils municipaux.

Après cette rapide énumération, la parole de l'orateur, devenant de plus en plus pénétrante, a ranimé la confiance dans nos âmes et nous a montré tout ce que renfermait d'espérances pour un meilleur avenir ce spectacle de tout un diocèse prosterné au pied de Marie et l'implorant pour la France.

Après la bénédiction du saint-sacrement, la procession déploya de nouveau ses rangs et se remit en marche vers la grotte miraculeuse. Les pèlerins se groupèrent en flots pressés devant l'imposante roche de Massabielle, et c'est là, dans ce site grandiose, lorsque les chants eurent cessé et que Mgr l'Evêque eût pénétré dans la grotte, que M. l'abbé de Cabrières se fit l'interprète du clergé et des fidèles du diocèse. Il rappela qu'après la fête de notre auguste Mère, c'était aussi la fête de celui qui est, depuis dix-huit ans, notre père. Il montra que ces liens, consacrés par le temps, qui unissent l'Evêque à son peuple, se resserraient en ce jour et qu'il se faisait, sous le regard de Marie, entre le premier pasteur et sa famille diocésaine, une nouvelle et sainte alliance. Il fit passer sous nos yeux un rapide tableau des travaux de ce fécond et laborieux épiscopat , et il nous dévoila les trésors de charité de ce cœur si dévoué à son diocèse. Puis, nous montrant cet admirable paysage, il nous rappela que , chez les peuples de l'antiquité, les engagements contractés aux pieds des montagnes avaient toujours revêtu un caractère plus imposant et plus sacré.

Or, aux pieds de ces hautes montagnes des Pyrénées , les pélerins offrent à leur Evêque bien-aimé tout le dévouement, toute la reconnaissance de leurs cœurs. Ces hauteurs majestueuses, qui les entourent et qu'ils peuvent appeler, avec nos livres saints, les montagnes de Dieu , *montes Dei*, semblent communiquer une vertu plus grande à leurs vœux et à leurs promesses. Cette nature , tour à tour riante et sévère, paraît s'associer à cette fête, et ce sont ces vives et fortes émotions qui nous viennent de tout ce qui nous entoure que nous offrons à Mgr Henri Plantier, à l'appel de l'orateur , comme le tribut de notre affection filiale.

M. l'abbé de Cabrières, s'inspirant de cette scène admirable qui s'offrait à nos regards, développa ces diverses pensées avec un langage exquis qui semblait emprunter aux bords ravissants du Gave leur grâce et leur fraîcheur. Les cœurs des 2,500 pélerins suspendus à ses lèvres firent écho à sa parole, et un immense cri s'échappa de toutes les poitrines : Vive Monseigneur! Au même temps, deux magnifiques bouquets, accompagnés d'une belle couronne, furent présentés à Monseigneur comme l'affectueux hommage des pèlerins.

Le silence se fit de nouveau au milieu de cette foule agitée et frémissante, et notre évêque, essayant de dominer ses impressions, voulut nous dire combien son cœur était touché de cet éclatant témoignage d'attachement. Mais les forces trahirent son âme, et, d'une voix brisée par l'émotion encore plus que par la fatigue, il nous a dit qu'il ne pouvait nous répondre que par ses larmes. « Les larmes, dit-il, sont l'éloquence d'une mère ; elles sont aussi le langage le plus éloquent du cœur d'un père. » Larmes précieuses ! Nous les avons recueillies comme un des témoignages les plus touchants de l'affection de notre cher et digne évêque. Nos cœurs attendris, nos paupières humides lui ont montré que nos âmes vibraient à l'unisson de la sienne.

Il y eut à ce moment une scène émouvante que nous ne saurions oublier. Deux mères en larmes, fendant la foule et conduisant chacune une enfant à la main, étaient venues se jeter aux pieds de notre évêque, sollicitant sa bénédiction et poussant chacune vers la sainte Vierge le cri de douleur de la Chananéenne de l'Evangile : « Ayez pitié de moi, ô Marie ! car ma fille est malade. » L'une de ces filles, âgées de douze ans, était atteinte de cécité, et l'autre était privée de l'usage de l'ouïe et de la parole. Monseigneur bénit la pauvre jeune aveugle et fit couler sur ses yeux éteints quelque gouttes d'eau de la source miraculeuse. Il bénit également la jeune sourde-muette et versa aussi un peu d'eau sur ses oreilles et sur ses lèvres. Il pria avec ferveur ; toute l'assistance priait avec lui, et chacune des mères en pleurs ne cessait de redire : « Sainte Vierge, guérissez ma fille ! » S'il n'y a pas eu dans ce moment un miracle de guérison, il y a eu du moins un miracle de foi, de confiance en Marie qui a fait couler bien des larmes.

La procession aux flambeaux, qui se fit à huit heures du soir, ne fut pas moins féconde en douces et saintes émotions. Le rendez-vous était toujours sur la place Marcadal, auprès de l'église paroissiale. Les cierges allumés que portaient les pèlerins formaient deux longs cordons de lumières qui semblaient entourer la ville et la vallée d'une ceinture de feu. En voyant ces milliers de lumières mouvantes, on aurait dit les étoiles du ciel se reflétant sur la terre, et nous avions sous nos yeux l'accomplissement de ces paroles du Roi-Prophète : La nuit sera aussi resplendissante que le jour. *Et nox sicut dies illuminabitur.* Les prêtres formaient, comme toujours, un groupe nombreux, et Mgr l'Evêque, au milieu d'eux, s'associait à leurs chants comme à leurs émotions. Les hommes, toujours fidèles à ces pieuses réunions, chantaient avec ardeur, et les strophes du *Magnificat* alternaient avec celles des cantiques les plus populaires. Parmi les femmes, les unes égrenaient avec ferveur leur rosaire, les autres répondaient aux chants des choristes.

2.

Lorsque les derniers rangs de la procession débouchèrent sur la longue avenue qui conduit au sanctuaire, les regards furent éblouis par le spectacle merveilleux qui se déroulait au loin. Deux immenses traînées lumineuses couraient le long de la voie, jusqu'à la grotte, et semblaient rattacher par des chaînes de feu le sanctuaire à la ville. Ces chants pieux qui retentissaient au loin, au milieu du silence de la nuit, et que répétaient les échos des vallées, ces milliers de flambeaux que réfléchissaient les eaux du Gave et qui semblaient faire briller sur la terre toutes les constellations du firmament, ce souffle de foi généreuse qui, comme un courant mystérieux, plus puissant que le fleuve rapide qui coulait à nos pieds, emportait tous les cœurs, tout cela a formé pour nous une de ces heures bénies qui laissent dans l'âme une empreinte ineffaçable.

En face de nous, sur le revers opposé, une autre scène attira nos regards. Les pélerins de La Rochelle, sortant du sanctuaire et portant, eux aussi, des cierges allumés, semblaient venir à notre rencontre. Rapprochement touchant ! Nîmes et La Rochelle, les deux boulevards du protestantisme, les deux cités qui comptent dans leur sein une population nombreuse de frères séparés, se donnaient la main, comme deux sœurs, sur le chemin de Notre-Dame de Lourdes, et mêlaient leurs chants et leurs prières. Nos voix semblaient répondre à la voix de ces frères, et les deux phalanges de pélerins, conduites chacune par son évêque, n'avaient dans ce moment qu'un cœur et qu'une âme.

La procession s'arrêta devant la grotte sur laquelle ces innombrables cierges projetaient une splendeur éclatante. Une chaire avait été adossée contre le rocher de Massabielle, et, lorsque les chants eurent cessé , M. l'abbé de Cabrières retrouva pour cette scène sa voix et ses accents les plus éloquents. Rappelant le but de notre pélerinage, qui est d'offrir à Dieu par Marie un culte de réparation pour tous les crimes qui ont attiré sur nous les coups de la justice divine , et d'affirmer hautement notre foi , il demanda une première acclamation pour Dieu , objet de tant de blasphèmes, et, à son appel, nous répétâmes, d'une voix unanime, cette doxologie sacrée, en l'honneur des trois personnes divines : Gloire à Dieu le Père ! Gloire à Dieu le Fils ! Gloire à Dieu le Saint-Esprit ! L'orateur nous montra ensuite le Cœur de Jésus comme la manifestation la plus vive , la plus saisissante de l'amour du Sauveur pour les hommes, et, faisant écho à ce long cri de foi, qui retentit avec tant de puissance à Paray-le-Monial , il plaça sur nos lèvres frémissantes cette nouvelle acclamation : Vive le Sacré-Cœur de Jésus ! Marie , la souveraine du ciel et la reine de Lourdes, dont tout en ce lieu redit la puissance, et qui a dit dans cette grotte : Je suis l'Immaculée-Conception ! devait avoir sa place dans ces solennels hommages, et avec l'orateur, nous poussâmes ce cri : Vive Marie ! Vive l'Immaculée-Conception ! Nous envoyâmes ensuite à Pie IX, dépouillé et prisonnier dans son palais, cette acclamation de notre piété filiale : Vive Pie IX, pontife et roi ! Notre dernier cri fut pour notre chère patrie, dont le souvenir inspira à M. l'abbé de Cabrières ses accents les plus pathétiques , et, avec lui, nous redîmes de toute l'ardeur de notre patriotisme : Vive la France !

Notre plume est impuissante à donner une idée de cette scène émouvante et des transports de foi et de patriotisme qui agitaient tous les cœurs. C'était une immense tressaillement qui soulevait cette multitude. Il nous semblait que ces montagnes tressaillaient avec nous et que le Gave, par le murmure de ses flots, applaudissait à nos acclamations, selon la poétique expression des psaumes : *Flumina plaudent manu ; simul montes exultabunt.*

Il était dix heures du soir. Le rocher de Massabielle, éclairé par ces milliers de flambeaux, présentait l'aspect d'un autre Sinaï. Un ciel serein et constellé d'étoiles brillait au dessus de nos têtes, et autour de nous tout semblait s'associer aux sentiments de nos âmes. Un grand nombre de pélerins, ne pouvant s'arracher de ce lieu béni, passèrent une partie de la nuit en prière, au pied de la grotte. D'autres se rendirent à l'église du pélerinage qui resta constamment ouverte, et, dès minuit, les

200 prêtres des diocèses de La Rochelle et de Nîmes, qui se trouvaient à Lourdes, commencèrent à dire la messe. Ce fut depuis la grotte jusqu'à l'église, comme autrefois aux catacombes, une nuit de veilles et de prières.

SECONDE JOURNÉE A LOURDES (16 JUILLET).

Le mercredi 16 juillet, fête de Notre-Dame du Mont-Carmel, à sept heures du matin, tandis que Mgr Thomas, évêque de La Rochelle, disait la sainte messe dans la crypte, au milieu de ses diocésains, Mgr Plantier offrait le saint sacrifice au maître-autel de l'église supérieure et donnait la communion aux hommes du pélerinage qui se pressaient dans le chœur. La table sainte était constamment assiégée et deux prêtres ne pouvaient suffire à distribuer la sainte Eucharistie.

Vers neuf heures, un nouveau flot de pélerins entra dans l'église : c'était la caravane de Montpellier, conduite par les deux curés de Notre-Dame et de Saint-Denis. Ces pélerins étaient pour nous des frères. Ils étaient au nombre de 1,200 : ils portaient sur leurs vêtements, comme signe distinctif, une croix de Malte, de couleur bleue, avec le monograme de la sainte Vierge, se détachant sur

un fond blanc. Les pélerins de Nimes s'empres-
sèrent de céder la place à ces nouveaux hôtes du
sanctuaire, parmi lesquels quelques uns d'entre
nous avaient la joie de retrouver des amis.

A dix heures, nous reprimes nos places à l'église. Mgr l'Evêque tint chapelle, et la grand'messe
fut chantée par M. Corrieux, archiprêtre de la Cathédrale. Il nous était doux de célébrer une fête de
la sainte Vierge dans ce sanctuaire. Après la messe,
M. l'abbé de Cabrières nous annonça que Mgr l'E-
vêque allait nous donner l'indulgence plénière que
le souverain Pontife, par une dépêche arrivée la
veille de Rome, envoyait aux pélerins de Nimes.
Tous les fronts s'inclinèrent sous la main bénis-
sante de notre évêque, et cette indulgence fut reçue
comme un témoignage bien précieux de la pater-
nelle bienveillance de Pie IX.

Après la bénédiction pontificale, M. le vicaire
général de Cabrières reprit la parole pour nous
expliquer la signification du double *ex-voto* que
nous allions suspendre aux murs du sanctuaire, en
mémoire de notre pélerinage.

Voici d'abord la bannière, aux riches broderies
d'or en relief, sur moire antique. C'est le drapeau de
notre pélerinage. Il a noblement figuré à la procession, soutenu par la main généreuse d'un vrai croisé,
le marquis de Montlaur. Au milieu se détache un
grand écusson écartelé : ce sont les armes des
villes de Nimes, d'Uzès, d'Alais et du Vigan, et, au

centre, celles de Mgr Plantier. Tout le diocèse est là autour de son premier pasteur. Dans la langue héraldique, nous dit M. l'abbé de Cabrières, les armes placées aux milieu signifient abime. Or, le cœur de notre évêque n'est-il pas un abime de charité, comme son esprit élevé un abime de science? Et c'est dans cet abime que se retrouve tout le diocèse de Nimes avec ses prêtres et ses fidèles. M. l'abbé de Cabrières, développant cette considération symbolique, à la façon de saint François de Salles, a su en faire jaillir des applications pleines d'à-propos et de charme.

Le cœur d'or entouré d'une couronne de roses et surmonté d'un lis, renferme un symbolisme non moins touchant, et la parole imagée de l'orateur le fit admirablement ressortir. Les roses sont le symbole de l'amour qui doit consumer nos cœurs, et cette gracieuse tige de lis qui monte vers le ciel comme une pieuse aspiration de l'âme, symbolise cette pureté, cette candeur qui attire les regards de Marie et qui est le trésor le plus précieux des chrétiens.

Ce cœur renferme les 2,500 noms des pèlerins du diocèse de Nimes qui resteront là, avec ce pieux emblème, a dit l'orateur, sous la sauvegarde titulaire et bénie de Notre-Dame de Lourdes.

A deux heures de l'après-midi, nous nous retrouvions encore dans cette église aimée pour adresser à la sainte Vierge un dernier hommage avec nos adieux. Après les vêpres de Notre-Dame de Mont-Carmel, l'infatigable orateur de notre pélerinage, dont la parole sympathique et toujours admirablement inspirée n'a fait défaut à aucune de nos réunions, reparut une dernière fois en cha're, et son allocution ne fut qu'un vif et chaleureux remerciement pour la sainte Vierge, qui nous avait protégés ; pour les dignes missionnaires de Lourdes, qui nous avaient si cordialement accueillis ; pour les pélerins eux-mêmes, qui n'avaient pas hésité à affronter les fatigues d'un si long trajet afin de donner à Marie cet éclatant témoignage d'amour. Chaque arrondissement eut sa part de louanges bien méritées, depuis Nimes et les villes voisines jusqu'à ces bonnes et religieuses populations des Cevennes, conduites par l'excellent curé de Sumène, qui avait su répandre et propager autour de lui, comme une sainte contagion, les généreuses ardeurs de son âme.

Les prêtres dévoués, qui avaient pris la généreuse initiative du pélerinage, qui en avaient été les organisateurs infatigables et qui avaient déployé toute l'industrie de leur zèle pour que cette œuvre répondit aux vœux de notre Evêque et à l'esprit religieux du diocèse, ne pouvaient être oubliés, et l'orateur, en les remerciant, n'a fait que traduire les sentiments de vive et profonde gratitude qui étaient dans tous les cœurs.

Nous quittions le sanctuaire, lorsque la procession de La Rochelle, présidée par son évêque, vint prendre notre place. Nous la vîmes défiler devant nous, et nous fûmes touchés du recueillement des pélerins et de la beauté des chants. Le cantique de Notre-Dame du Salut, chanté sur un air plus simple et plus populaire, alternant avec les strophes du *Magnificat*, produisait un effet admirable.

Nous fîmes une dernière station devant la grotte, essayant d'aller tremper nos lèvres à la source miraculeuse et nous agenouillant au milieu de cette foule pressée pour adresser à la sainte Vierge une dernière prière. A côté de nous, le chœur de Notre-Dame de Suffrage faisait entendre ses derniers chants.

Nous ne signalerons pas, jusqu'à ce que l'autorité religieuse ait parlé, les diverses merveilles par lesquelles il a plu à la Vierge Immaculée de manifester sa puissance. Nous bénissons dans le secret de nos cœurs la miséricordieuse bonté de celle qui est la santé des infirmes, la lumière des aveugles, la consolation des affligés, et nous attendons en silence l'heure de la manifestation.

Nous avons essayé de retracer les principales circonstances de notre pélerinage. Mais ce qui ne se dit pas, ce qui ne saurait s'exprimer, c'est le sentiment qui saisit nos âmes dans ce lieu de bénédiction et qui les tient en quelque sorte soulevées jusqu'au ciel. Il y a là une influence surnaturelle qui prend le caractère de miracle. Un souffle de piété, aussi puissant que doux, s'échappe de ces lieux et y forme comme une atmosphère céleste dont on est irrésistiblement pénétré et comme enivré. Ce flot de pélerins venus du diocèse de Nîmes est un des affluents de ce fleuve béni qui, depuis des années, réjouit la petite cité de Dieu et de Marie. *Fluminis impetus lœtificat civitatem Dei.* Nos cœurs aussi sont réjouis, et ils n'oubliront pas de longtemps les joies et les impressions de ce pélerinage destiné à devenir une page de l'histoire de notre diocèse.

LE RETOUR (16-17 JUILLET.)

A quatre heures, les pélerins se rendirent à la gare, le cœur rempli de regrets et tournant plusieurs fois leurs yeux vers la flèche aérienne qui se détachait à l'horizon comme une fleur de pierre, élevant vers le ciel sa tige gracieuse. Les pélerins des deux premiers trains prirent place, sans tumulte et sans confusion, dans les waggons qui leur étaient réservés, et les convois se mirent en marche, le second à une faible distance du premier, qui emportait Monseigneur. Tout à coup une rumeur joyeuse frappa nos oreilles : c'étaient les pélerins de la Rochelle, qui agitaient leurs mouchoirs sur notre passage et qui nous saluaient de leurs fraternelles acclamations. Ce fut un échange spontané de vives marques de sympathie et un long cri de joie tout le long des deux trains. Nous nous retrouvâmes de nouveau à Tarbes, et de part et d'autre éclatèrent les mêmes démonstrations.

Le troisième train fut encore mieux partagé. Il eut la bonne fortune de rencontrer à la gare de Tarbes le convoi où se trouvait Mgr l'évêque de la Rochelle. Aussitôt les pélerins de Nimes , descendant des waggons et obéissant à une inspiration touchante , tombèrent à genoux sur toute la ligne , sollicitant la bénédiction de l'évêque pélerin. Monseigneur les bénit avec amour comme des enfants d'adoption, et ceux-ci, se relevant, acclamèrent avec transport le digne évêque et les pélerins de la Rochelle.

Les chants et les prières accompagnèrent notre retour, comme ils avaient accompagnés notre départ. Les pélerins du second train se souviennent avec quelle puissance les strophes du *Magnificat*, s'échappant de toutes les poitrines, retentirent sous les voutes du tunel voisin de Tarbes, et la vive impression que produisit ce chant sur les terrassiers étonnés, debout le long de la galerie, tenant à la main des torches enflammées.

Cette impression religieuse nous la rencontrâmes sur d'autres points, et je ne saurais oublier cet employé du chemin de fer qui s'approcha de

nous demandant une médaille de Lourdes, qu'il re-
çut avec reconnaisance.

Nous mêlions, durant notre trajet, à nos chants
et à nos prières, le récit des émotions que nous
avions éprouvées, des merveilles dont nous avions
été les témoins, des divers épisodes de notre pélerinage, et chaque pélerins se disait au fond du
cœur, en pensant à la grotte miraculeuse : j'y re-
viendrai.

L'abbé Azais.

LA RÉCEPTION (17 JUILLET).

Dès neuf heures du matin, les abords de la gare
commençaient à se remplir d'une foule toujours
croissante ; elle attendait avec la plus vive impa-
tience l'arrivée du premier train revenant de
Lourdes.

L'attente a été longue ; le premier train n'est
rentré en gare que vers onze heures. Au signal de
son approche, la foule s'est portée du côté de l'avenue Feuchères par lequel devaient passer les pélerins, et les a reçus un instant après avec les démonstrations de la joie la plus vive.

L'arrivée du second train, vers midi un quart, a
été signalée par le même élan et la même joie. La
foule croissait toujours.

Demi-heure après s'est fait entendre le signal qui annonçait le troisième et dernier train, celui qui portait Mgr l'Evêque (1). Ici nous renonçons à décrire le magnifique spectacle que nous avons eu sous les yeux pendant une heure entière.

Dès que les waggons ont apparu aux regards de la foule, un cri de bonheur s'est échappé de toutes nos poitrines, et Mgr l'Evêque a été salué par les vivats les plus enthousiastes. Les cloches de toutes les paroisses unissaient à nos voix leurs plus joyeux carillons.

La foule était devenue immense et couvrait l'avenue Feuchères. Mgr l'Evêque, précédé du drapeau de Notre-Dame de Lourdes et accompagné de M. le chanoine de Cabrières, avait peine à se tracer un chemin ; il était comme porté par la foule qui se pressait autour de lui.

Le trajet, que Sa Grandeur a fait à pied, de la gare à l'église cathédrale, n'a été qu'une longue et magnifique ovation. Quel élan ! quel enthousiasme de la part de ce peuple escortant son Pontife et son père et recevant ses abondantes bénédictions !

Et les nombreux pèlerins, prêtres et laïques, suivaient les pas de l'évêque, la croix rouge brillant sur la poitrine, et les chapelets populaires de Notre-Dame de Lourdes en sautoir ou en forme de ceinture. Aucun d'eux, malgré les fatigues insépa-

---

(1) Monseigneur avait changé de train à Cette.

rables d'un si long voyage , ne paraissait accablé ; l'élan était le même chez tous, parce qu'ils avaient tous eu part aux mêmes joies et aux mêmes consolations : noble phalange de *croisés*, revenant en triomphe de cette terre bénie , où se multiplient chaque jour les bienfaits de la protection divine.

Nous avons entendu dans la foule murmurer le mot de miracle et quelques pélerins raconter des détails, qu'ils disaient authentiques, de quelques scènes émouvantes accomplies au pieux sanctuaire. La plus grande réserve nous est naturellement imposée, et nous attendrons, pour parler des bienfaits visibles de Notre-Dame de Lourdes, que l'autorité diocésaine, seule compétente, ait instruit ces causes et rendu son jugement.

La place de la Cathédrale était déjà comble, quand Monseigneur y est arrivé, et l'église ne pouvait contenir les innombrables fidèles qui s'y pressaient. Sa Grandeur a traversé la nef, accueilli comme sur tout le parcours, par les vivats les plus sympathiques et répandant de tous côtés ses paternelles bénédictions ; son nombreux clergé l'a suivie jusque dans le sanctuaire.

La foule avait tout envahi ; de la vaste nef, aujourd'hui trop étroite, elle s'était répandue dans les chapelles latérales et derrière le sanctuaire ; les tribunes étaient au grand complet. Jamais spectacle plus grandiose et plus touchant !

Au millieu du sanctuaire flottaient les drapeaux bleus, aux armes de la sainte Vierge : c'étaient ceux de Nimes, d'Alais et d'Uzès ; le drapeau du Vigan avait suivi les pélerins de cet arrondissement sur l'embranchement de Lunel à Ganges.

A peine Monseigneur était-il arrivé que les chantres ont entonné le *Te Deum* d'actions de grâces : hymne admirable qu'ont chanté avec élan et piété ces mille poitrines brûlantes d'amour et de reconnaissance.

Mais ce peuple attendait qu'une voix sympathique traduisît, du haut de la tribune sacrée, ces profondes émotions. Il n'a pas été trompé. L'infatigable et éloquent orateur de ce pélerinage, M. le chanoine de Cabrières, puisant dans ses fatigues même comme une vigueur nouvelle, est monté en chaire, et, en quelques mots pleins de feu, il a dit à toute cette multitude la joie dont son cœur débordait ; il a félicité les nombreux pélerins de la vivacité de leur foi et de la sincérité de leur patriotisme, car c'est là où il a trouvé le principe de cette grande et imposante manifestation.

Mais il a su proclamer en même temps la grande part qu'avaient eue dans cette œuvre l'initiative et la présence de Mᵍʳ l'Evêque, le zèle des membres du comité, la plume exercée du savant et pieux auteur du *Manuel*, l'élan de tous les prêtres du diocèse. Nous n'avons remarqué qu'un seul nom oublié par l'orateur : ç'a été la faute de sa modestie ; mais chacun de nous l'a généreusement réparée.

Enfin, il nous a dit toutes les espérances que lui faisait concevoir ce grand pélerinage, si pieusement accompli pour le bonheur de notre patrie et le salut de l'Eglise ; il a terminé en résumant toutes ses impressions dans ce mot si simple et si grand : Vive Notre-Dame de Lourdes !

Le peuple l'a répété trois fois après lui : explosion de foi et de piété qui a remué profondément tous les cœurs.

Immédiatement après, a eu lieu la bénédiction solennelle du Très Saint-Sacrement et la cérémonie a été close au chant du *cantique populaire des pélerins de Nimes à Notre-Dame de Lourdes.*

Mgr l'Evêque s'est rendu alors, à travers la foule compacte , à la chapelle de son palais épiscopal. Les prêtres ont voulu l'escorter encore jusque là et donner à Sa Grandeur ce dernier témoignage de leur sympathie. Mgr l'Evêque a été très touché de tant d'affection , et il en a exprimé toute sa reconnaissance.

Quelqnes mots lui ont suffi pour rendre toute la joie qu'éprouvait son âme épiscopale, pour redire toutes les *consolations* que Dieu lui prodignait, pour exprimer vivement toutes ses espérances.

Monseigneur a donné encore une fois sa bénédiction, et l'on s'est séparé plein des émotions les plus vives et emportant les plus délicieux souvenirs.

Quelle belle journée! disions-nous en nous éloignant avec la foule. C'est le triomphe de la foi, dans un siècle où la foi est bafouée et dédaignée ! Ce contraste n'est-il pas un des témoignages de l'action de Dieu parmi nous, un des meilleurs augures pour l'avenir ?

LE LENDEMAIN (18 JUILLET).

Nous nous attendions bien à ce que sur tous les points du diocèse nos pélerins seraient accueillis avec l'élan, l'enthousiasme dont les Nimois nous ont donné hier l'édifiant spectacle. Nous ne nous trompions pas. Les nouvelles que nous recevons nous rendent compte des magnifiques réceptions qui ont eu lieu dans la plupart de nos principales localités.

A Alais, Uzès, Sommières , Saint-Ambroix, etc., toute la population était accourue à la gare ; des vivats, des chants , les fanfares ont salué l'arrivée des pélerins et les ont accompagnés jusqu'à l'église, où a été chanté le *Te Deum* d'actions de grâces.

A Sumène , tous les fidèles en procession sont allés sur la route de Ganges, au devant des pélerins. M. le curé lui-même, plein d'une douce et sainte joie, portait le drapeau de Notre-Dame de Lourdes. (Le Vigan avait cédé à Sumène l'honneur de porter le drapeau de l'arrondissement.)

La procession s'est rendue à l'église, et à l'issue du *Te Deum*, chanté avec le plus grand élan, un discours de circonstance a été adressé à tout ce peuple déjà si profondément ému du ravissant spectacle qu'il lui était donné de contempler. L'enthousiasme était immense.

Quel bienfait pour tout ce grand diocèse ! Nos pèlerins sont allés puiser au sanctuaire de Lourdes, comme à un vaste foyer, de nouvelles ardeurs de foi et de piété ; ils reviennent maintenant, brûlants d'amour, communiquer à ceux qui n'ont pu participer à leur bonheur une part de leurs joies et de leurs privilèges.

Un illustre évêque nous disait naguère : « Un peuple qui prie est un peuple qui se relève. » Le diocèse de Nîmes est allé prier Notre-Dame de Lourdes : le voilà relevé devant Dieu ; il s'est prosterné dans l'humilité et l'expiation : il se relève dans la charité et l'espérance.

Dieu nous protége !

Vive Notre-Dame de Lourdes !

L'abbé F. CHAPOT.

Nîmes. — Imprimerie J.-B. ROUCOLE.

9 782012 852150